子どもに伝えたい
和の技術
④

わがし
和菓子

WAGASHI
著　和の技術を知る会

はじめに

おいしく豊かな和菓子の世界

　おやつに、まんじゅうや、だんごを食べたことがありますか。これらは、小豆や米を使い、日本で昔から作られ、食べられている菓子で、洋菓子などと区別するために「和菓子」といわれるようになりました。長い歴史の中で、中国やヨーロッパから伝わったものが日本の中で独自に進化していったのです。

　和菓子のおもな材料の米、豆、小麦粉、砂糖などはすべて植物性です。日本各地の材料を使い、季節ごとにたくさんの種類の和菓子が作られてきました。季節に合わせたもの、自然の風物をかたどったものなど、目で見て美しく、食べておいしい和菓子が日本にはたくさんあります。

　また和菓子は、おやつとして食べるだけでなく、くらしの中のたいせつな儀式や行事にも使われてきました。地域色豊かな和菓子もあります。日本の歴史とともに親しまれてきた和菓子。どんな背景があり、どんな技術で作られているのか、たずねてみましょう。和菓子の奥深さを知り、そのすばらしさがわかるはずです。

もくじ

和菓子の世界へようこそ・・・・・4
四季の和菓子を楽しむ……………4
作り方で知る和菓子…………8

和菓子作りの技を見てみよう・・・・12
練り切り作りのスゴ技…………12
まんじゅう作りのスゴ技…………16
焼き菓子「鮎」作りのスゴ技…………18
ふ菓子作りの工場見学………19

広がる和菓子の世界・・・・20
工芸菓子の魅力とスゴ技………20
進化する和菓子…………21

日本各地の和菓子いろいろ・・・・・22

和菓子作りにチャレンジ！・・・・・24

もっと和菓子を知ろう・・・・・26
和菓子の歴史…………26
たいせつな日の和菓子…………29
和菓子と祭り・行事………30
和菓子職人になるには…………31

覚えておこう和菓子のことば

あん……おもに小豆を煮てつぶし砂糖をまぜて作り、「あんこ」ともいわれます。白インゲン豆、クリ、サツマイモなどのあんもあります。

寒天……海草の天草を煮た液体を、凍らせて乾燥させたものです。これを原料にゼリー状に作った食品も「寒天」といいます。

きな粉……大豆を炒って粉にしたもので、砂糖などをまぜて使います。

ぎゅうひ……白玉粉などのもち粉に、水・砂糖・水あめを加えて練ったもので、もちっとした食感です。

葛粉……植物の葛の根からとったでんぷんの粉です。

上新粉……うるち米（ごはん用の米）を粉にしたもので、だんごや柏もちに使います。少し粗いものを新粉といいます。

白玉粉……もち米を水にさらし、すりつぶして乾燥させたものです。

道明寺粉……もち米を蒸して、乾燥させ、粗めにくだいたものです。

練り切り……白あんに、ぎゅうひ・ヤマトイモなどを練りまぜたものや、それを着色したもの、黄身あんや柚あんなどの「練り切りあん」で作る生菓子のことです。複数のあんを組み合わせ、色鮮やかに季節や風物を表現します。

和菓子の世界へようこそ

四季の和菓子を楽しむ

和菓子は、季節の行事や訪れる四季の風物を表したりして作られています。作り方にも、独特の技があり、長い間、それらは受けつがれて発展してきました。わたしたちを笑顔にする和菓子の世界を見てみましょう。

春の訪れを知る

花見だんご
花見のときに作られる赤、白、緑、3色の彩りのよいだんごです。

草もち
ヨモギをすりつぶし加えたもちで小豆あんを包んで作ります。ヨモギもちとも呼ばれます。

桜もち
小豆あんを小麦粉のうす皮で包み、塩づけをした桜の葉で包みます。

柏もち／ちまき
子どもの日、端午の節句に子どもの成長を願って食べます。柏もちは柏の葉、ちまきは笹の葉を使います。

春を表す

紅梅
ピンクの練り切りあんで春の色合い。梅の花には黄色いしべをつけます。

菜の花
そぼろ状にした黄色と緑色のきんとんが菜の花の色合いです。

八重桜
八重咲きの桜のかわいらしさを、ぬき型で花びらを起こし表現します。

夏の訪れを知る

葛まんじゅう
こしあんを、ごくうすい葛で包んだ、涼しげな和菓子です。

水無月
6月30日に厄ばらいの願いをこめて食べます。氷に見立てたういろうの上に小豆をのせ、蒸した和菓子です。(30ページ参照)

鮎
ぎゅうひが中に入った、初夏に出回る魚の鮎に見立てた夏らしい和菓子です。(18ページ参照)

水羊かん
寒天を使って作るので、つるんとのどごしがよい、夏らしい和菓子です。
写真は左から白あん、こしあん、まっ茶あんの3種類で作っています。

夏を表す

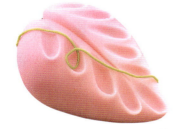

藤
うす紫色の練り切りあんで形を作った藤の花。初夏らしい和菓子です。

朝顔
練り切りあんで作った、美しく咲いた夏の朝顔です。

びわ
練り切りあんで作ったびわ(13ページ参照)の形と、おちついた色が自然のびわにそっくりです。

紫陽花
練り切りあんに、さいの目に切った寒天をちらし、紫陽花の花に見立てた、涼しげな和菓子です。

秋の訪れを知る

月見だんご
中秋の名月のころ、ススキやサトイモとともにその秋の収穫を祝い月見だんごを供えます。丸い形は、月の見立てです。

栗鹿の子
秋の季節の栗をみつにつけて、栗のあんにまぜたものです。

いもまんじゅう
サツマイモを角切りにして、まんじゅうの皮に練りこんだ、秋の季節の和菓子です。

おはぎ
先祖に感謝する秋と春の彼岸の時期に食べます。小豆の皮が、萩の花のちる感じに見えることから、おはぎと呼ばれます。

秋を表す

柿
秋の果物の柿にそっくりの和菓子です。だいだい色の練り切りあんで、四方にくぼみをつけ柿の形にします。

栗
練り切りあんで本物の栗そっくりに作り、秋の季節を表しています。

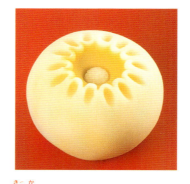

菊華
秋を代表する菊の花を練り切りで表した和菓子。形や花びらがかわいらしいです。

紅葉
2～3色の練り切りあんをまぜ合わせ、色づいた紅葉を表現しています。葉の切れこみや葉のすじなど、技が生かされてます。

和菓子の世界へようこそ

冬 の訪れを知る

うぐいすもち
うぐいすの形に見立てた、ぎゅうひの和菓子。中にこしあんを入れて包みます。上からうぐいす色のきな粉をまぶします。1～3月の和菓子です。

椿もち
小豆あんを道明寺粉のもちで包んだものを、冬の寒さの中で咲く椿の葉ではさんで作ります。

花びらもち
白みそあんとあまく煮たごぼうをぎゅうひで包んで作ります。正月に食べる伝統的な京都の和菓子です。

六方焼
江戸時代から作られる冬の焼き菓子。六面が焼いてあり、六方どの面から食べてもおいしく、元気に食べてという意味もあるようです。中にこしあんが入っています。

冬 を表す

寒牡丹
今から花開こうとするつぼみが表されています。中にはこしあんが入っています。

万両
冬の季節に美しい実をつける万両。その力強い姿を、練り切りあんの緑色で葉を、万両の赤い実のあんをそえて作ります。

寒椿
冬の季節に咲く、華やかな色の寒椿。練り切りあんで作った、朱色の美しい和菓子です。

香梅
冬の季節に咲いて春の訪れを感じさせる梅の花。ピンク色の練り切りあんで作ります。

水仙
冬の花の水仙を黄色い練り切りあんで表現、花びらの切れこみなど和菓子作りの基本の技が生かされています。

作り方で知る和菓子

材料やさまざまな作り方が組み合わされて、たくさんの和菓子ができあがります。それは数万種類にもなるといわれています。ここでは作り方によってどのような分類があるか見ていきましょう。

蒸し物

水蒸気を用いて作る和菓子です。

小麦まんじゅう
小麦粉を使い、いろいろなあんを包んで作ります。

薯蕷まんじゅう
すりおろした薯蕷（ツクネイモ）と米粉をまぜた、ねばりのある生地を蒸して作ります。

栗蒸し羊かん
小豆あん、小麦粉、砂糖、葛粉を練りまぜ、栗の甘露煮を入れて蒸して作ります。

ちまき
葛や新粉で作ったもちなどを、笹で包み、蒸して作ります。

葛まんじゅう
こしあんを透きとおった葛で包む夏向きの和菓子です。

黄身しぐれ
白あんに卵黄を加えたあんでこしあんを包み、蒸した和菓子です。

生菓子と干菓子

生菓子、半生菓子、干菓子という和菓子の呼び方もあります。これはふくまれる水分の量のちがいでの分け方で、流し物（羊かん）など、作り方が同じでも分類がちがうのはそれが理由の一つです。

- **生菓子** ………… [蒸し物　焼き物　流し物　練り物　揚げ物　もち物]
- **半生菓子** …… [あん物　おか物　焼き物　流し物　練り物]
- **干菓子** ………… [打ち物　押し物　掛け物　焼き物　あめ物]

※和菓子の分け方は、いろいろな考え方があり、これは一例です。

和菓子の世界へようこそ

焼き物

平なべやオーブンなどに入れて焼いて作ります。

金つば
寒天で固めたあんのまわりに、水でうすくといた小麦粉をつけて焼いて作ります。

どら焼き
小麦粉、卵、砂糖、みつを合わせて焼き、小豆あんをはさんで作ります。

桜もち
小麦粉でうす皮を焼き、小豆あんを包んで作ります。

桃山
白あんに卵黄を加えた生地を、色よく焼きあげます。

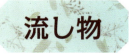

栗まんじゅう
上に卵黄をぬり、焼いてつやを出します。白あんと栗が入った焼きまんじゅうです。

流し物

寒天やあんなどの液状の物を型に流し入れて作ります。

練り羊かん
あんをよく練り、寒天と砂糖をまぜ、型に流しこんで固めた半生菓子の羊かん。

錦玉かん
砂糖入りの寒天液を煮つめたあと、型に入れて作ります。

水羊かん
練り羊かんより寒天や小豆あんは少なめ。砂糖を加え、型に流し入れて作る生菓子の羊かん。

おか物

それぞれ作った生地などを、組み合わせて造形します。最中や州浜などに代表される和菓子のことです。

最中
もち米を粉状にしてこねてから、うすくのばして焼き、中にあんが入ります。

州浜
大豆が原料の州浜粉に、砂糖や水あめを加え練って作ります。

打ち物

干菓子の材料のもち米でできた寒梅粉などに砂糖を入れ、木の型に入れて作ります。表面に軽く蒸気をあて、乾燥させてしあげます。

落雁
干菓子の一種で、米などのでんぷん質の粉に、砂糖や水あめを加え、型につめて乾燥させて作ります。

押し物

打ち物の材料に、あんなども使い、木枠などで型くずれしないくらいに押してしあげます。打ち物より水分が多く、口どけがよいです。

塩釜
粉末にしたみじん粉に、砂糖、塩、しその粉などを入れて練り、型で作ります。

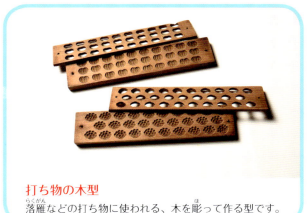

打ち物の木型
落雁などの打ち物に使われる、木を彫って作る型です。

和菓子の世界へようこそ

練り物

生菓子や半生菓子を作る方法で、白あんにぎゅうひなどをつなぎに加えて作る「練り切り」が代表的です。

花いかだ
春の風景を表した練り切りの上生菓子。

朝顔
夏らしいピンク色の練り切り。

早栗(はやくり)
栗をきんとん状の練り切りあんで包んだ上生菓子。

もち物

作り方では分類できない「もち物」と呼ばれる和菓子があります。原料はもち米、うるち米などです。

豆大福
赤えんどうを加えたもちで、あんを丸い形に包んでいます。

道明寺(どうみょうじ)桜(さくら)もち
もち米を干して粗(あら)くひいた道明寺粉を使い作ります。

おはぎ
半づきしたもち米をあんで包んで作ります。あんのかわりに、きな粉やすりごまをまぶして作るおはぎもあります。

素甘(すあま)
新粉に水と砂糖をこねまぜて蒸して、巻きすで巻いて棒状(ぼうじょう)に形を整え、切り分けます。

わらびもち
わらび粉に水を加え、火にかけて練りまぜて作ります。きな粉や黒みつなどをかけて食べます。

柏(かしわ)もち
平たい上新粉のもちにあんをはさんで二つに折り、柏(かしわ)の葉で包みます。

和菓子作りの技を見てみよう

練り切り作りのスゴ技

白あんにヤマトイモやぎゅうひ、卵の黄身と白玉粉などを練り合わせた練り切りあんを、さまざまな形に作りあげる練り切りは、季節の訪れを感じさせてくれる美しい和菓子です。芸術的なその見立ての技のいくつかを、見ていきましょう。

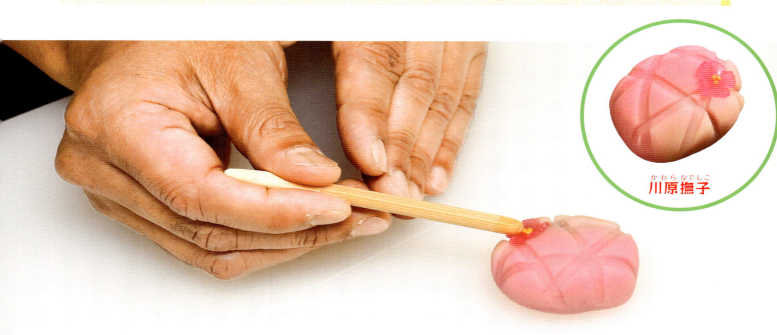

川原撫子

ピンク色の羊かんを型ぬきした撫子の花の中央に、しべに見立てた黄色のしんびき粉を、ぬらした丸棒でつけている作業。平らな花の中央を押して立体的にして、さらに小さな黄色のつぶをそえて本物らしさが加わります。

練り切り作りの基本の流れ

さまざまな作り方がありますが、川原撫子を参考に練り切り作りの流れを紹介します。

1 練り切りあんを作る

おもに白あんにヤマトイモやぎゅうひなどをまぜて作ります。なべで練りまぜてから、裏ごし・布でもむ・小さく分けて冷ます、これを2～3回くり返して完成。作る物により、色をつけたりほかの材料を加えることもあります。

2 中あんを包む

手のひらで練り切りあんを平らにつぶし、その上に丸めた中あんをおき、丸く包みます。

3 形を作る

作る形に応じてまんじゅう形、たわら形、しずく形などおおよその形にします。

4 筋などを入れる

さまざまな道具で筋や微妙な凹凸を入れるなどして、より本物らしい形にします。

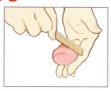

5 しあげ

型ぬきした花やゴマ、ケシなどで飾りをしてしあげます。

「びわ」で見る職人技

細かいくふうの技が光る！

1 材料を準備

- みつにつけたとら豆
- こしあん
- 緑色の練り切りあん
- びわ色の練り切りあん

使う材料をびわ1個分ずつに取り分けます。

切って断面を見ると…

2 中あん作り

びわの大きな種をとら豆で表現

こしあんを平らにのばし、とら豆を包んで丸く整えます。

3 中あんをびわ色のあんで包む

外側からうっすら緑色が透けるしかけ！

びわ色のあんを手のひらでのばし、中央に丸棒で穴をあけます。

穴に緑色のあんを入れ、つぶします。

びわ色のあんを少しかぶせ、つぶします。これを「裏打ち」といいます。

絶妙な力の加減で均等な層を作る

手のあとを残さない

びわ色のあんに中あんをのせ、少しずつのばしながら包んでいきます。

包み終わりをとがらせ、びわらしい形に整えます。

手の上で転がしながら、表面をなめらかに整えます。

4 しあげ

二つの技で緑のぼかしがきわだつ！

本物のびわに近づけるよう、緑色の部分を指でへこませ、V字の器具で切りこみを入れます。

まだまだある練り切り作りの職人技

道具で装飾する技

和菓子を装飾する道具は調理用具のほか、編み棒など使いやすいものを選んで用います。

●針で筋をかく

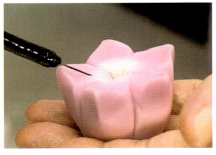

桔梗

ごく細い筋を入れるときは針状の道具を使います。桔梗の花弁の中央に筋をかくと、のっぺりとした花びらがいきいきとしたものになります。

●三角棒で筋を入れる

菊の細い花弁を表現するために、三角棒で筋をつけて細い花びらを作ります。はじめは十字に4等分に筋をつけ、次にその間に筋を入れて8等分に、さらに16等分にしていくことで、均等な間隔で花弁が作られます。どれも同じ力加減で筋をつけるのも重要な技です。

●編み棒でくぼみをつける

菊

かぎ針の編み棒の先端の丸みを利用して、花びらにくぼみをつけるのと同時に、少しふちを盛りあがらせ、立体的で複雑な形にしあげています。

●へらで筋を入れる

白色に緑色の練り切りあんを重ねて切りぬかれた葉に、竹べらで筋を入れます。へこんで影になる部分に裏の白色がうっすら透け、つややかな椿の葉が表現されます。

椿

●型で切りこみを入れる

桜の花びらの型の先端の部分だけを使い、少しだけ表面を切り起こしします。へこませた部分との対比で、花びらが重なっている八重桜の雰囲気を表現します。また、ぬき型も職人の技次第でいろいろに役立ちます。

八重桜

●布で絞って筋を入れる

水鳥

ぬらしてかたく絞った布で練り切りあんを包み、ところどころを絞ると布のシワが自然に表面に入ります。ここではごくうすい婦人用ハンカチを使っています。きめが細かいうすい布ならではの表現ができます。

和菓子作りの技を見てみよう

形を作る技

同じ形のものを数十個も作る必要がある和菓子職人。複雑な桔梗の形を道具と指先を使って整えていきます。

印をつける
桔梗の5枚の花びらの印をつけます。5本の筋を入れてから、中央をへこませます。

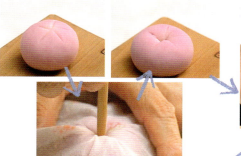

筋を入れる
印に沿って、三角棒で筋と凹凸をつけます。

桔梗

指で花びらを作る
左手の親指は上から、右手の親指と人さし指は下から、同時につまみ、花びらの先端の角を作ります。5枚とも同様に。

形を整える
余分な凹凸を板でおさえ、さらにつぶれた筋を三角棒で整え、指で微調整をしてしあげます。

しあげ飾りの技

ほんの少しの飾りをつけたすことで、表現がいきいきとします。ここで紹介するのはほんの一部です。

●おぼろ状にしたあんでしべに見立てる

黄色の練り切りあんを「毛ぶるい」という細かい目のふるいでこし、おぼろ状にしたものを、椿のしべとして用います。

椿

●寒天を雨つゆに見立てる

雨あがり

小さく角切りにした寒天を、葉の上に1～3個飾ります。四角の面を平らにおくのではなく、角の部分をさすようにおくと、光の反射が複雑になってかがやきを増し、より雨つゆの雰囲気が出るというこだわりもあります。

●あんを型ぬきして飾る

うすくのばした赤色と白色の練り切りあんを重ね、梅の花の型でぬいたものを飾ります。わかりやすく、立体的で華やかな演出にもなります。

紅梅

まんじゅう作りのスゴ技

多くの和菓子店で作られるまんじゅう。それぞれの味わいで数十年、数百年と作り続けられている和菓子の代表格です。作り方と技を紹介します。

●生地を作る

砂糖と水をとかしまぜた中に、小麦粉などの材料を加えてよくまぜます。まとまったら小麦粉をしいた台において軽くもみ、1個ずつの大きさに分けていきます。

1 こねすぎるとネバリが出るので加減もたいせつ

2 手の感覚で同じ分量がわかる

●あんを包む

弾力性のある皮の生地に、丸めたあんをのせ、手のひらの上で回しながら、少しずつあんの周りに生地をのばしていきます。皮の厚さが均等になるよう、手早く包み、最後は両手で転がしてきれいな形にしあげます。

3 少ない生地で包むのはむずかしそう

生地15グラムに対して、あんは倍の30グラム。

4 職人の手の中でリズミカルにまんじゅうが回る

細かい手の動きの中で、少しずつ生地があんを包んでいきます。

5 片手で回す技も！

あっというまに口が閉じられていきます。

6 底は平ら、上は丸く

丸腰高という、まんじゅうの形にしあげます。

7 同じ大きさ、同じ形で、機械のように正確に作られていく

包んだら蒸す容器に均等に並べ、きり吹きで水をかけます。

●蒸しあげる

せいろで10分ほど蒸すとできあがり。蒸しあがったまんじゅうは、底があみ状になっている「わたし」に並べて冷まします。

8 / 9 蒸しあがってまんじゅうがふくらんでも、くっつかない間隔で並べられている

10 蒸したてのやわらかいまんじゅうは、やさしくあつかう

和菓子の基本！

手間をおしまないこしあん作り

※和菓子職人により作り方はさまざま。ここでは一例を紹介します。

❶ 水づけ

小豆を洗い、水かぬるま湯に8時間以上つけます。

❷ 渋切り

70度以上の湯に小豆を入れて煮て、沸騰したら湯をすてます。これを2回くり返してアクをぬきます。

❸ 煮熟

もう一度、70度以上の湯から煮て、沸騰したら火を弱めて15～20分煮て、小豆が指でつぶれるくらいまでやわらかくします。

❹ こす

水を入れて冷まし、ざるでこし、さらに目の細かい「絹ぶるい」でこします。

❺ 水さらし

水を加えてまぜ、しばらくおいて小豆がしずんだら上ずみの水をすてます。これを水がきれいになるまでくり返します。

❻ 絞る

布に入れ、しっかりと絞ります。これが「生あん」といわれる状態です。

❼ あん練り

なべに水を沸騰させて砂糖をとかし、生あんの半量を入れ、よくまざったら残りを加え、練りながら強火で約40分ほど煮ます。

❽ 冷ます

小分けにしてす早く冷ますことで、中まで均等に冷めやすく、余分な水分蒸発も少なくなります。

和菓子作りの技を見てみよう

焼き菓子「鮎」作りのスゴ技

どら焼きのような焼いた皮で、どのように鮎の形が作られているのでしょうか。むだのないシンプルな作業から、ふしぎと形があらわれます。

●生地を作る

はちみつ、卵、砂糖、小麦粉をまぜ合わせて生地を作ります。

1 泡立てないようにすりまぜるのが、なめらかな生地作りの技

●皮を焼く

熱した鉄板で、数字の「6」のような形に生地を流して焼きます。

2 お玉ですくった生地をたて長に流す

3 お玉の底でのばし、数字の「6」の形に手早く整える

●ぎゅうひをはさんで形を作る

焼き上がりの一歩手前でぎゅうひをのせ、折りたたむようにして手早く鮎の形にします。

4 表面がかわいてきたら、す早く作業開始！

5 たてに半分に折る

6 顔の部分を三角に折る

7 尾びれのつけ根を重ねて細く

8 正しい向きにして形を整える

●焼きごてで焼き目をつける

高温に熱した鉄のこてで、皮を焼いてヒレや目をかきます。

9 鉄のこてで筆のように繊細な線をかく

10 最後に腹の線をかいてできあがり

ふ菓子作りの工場見学

和菓子作りの技を見てみよう

駄菓子の中でも、とくに広い世代に愛され続けてきたふ菓子。だれもが一度は食べたり目にしたりしたことがあるのではないでしょうか。ふ菓子工場でその作り方をのぞいてみましょう。

焼きふは何でできている？

すまし汁やなべ焼きうどんに入り、汁を吸ってふにゃふにゃになっている「ふ」と、ふ菓子の原料の種類は同じです。強力粉（小麦粉）などから取り出したグルテン（たんぱく質）に薄力粉（小麦粉）を加えてオーブンで焼いたもの。ふ菓子の正体は小麦粉のお菓子なのです。

1
棒状の焼きふがダンボール箱につめられて焼きふの製造工場から届きます。

2
筒状のあみの中にすき間なくたてに差しこみます。

3
黒糖のみつの入った機械にセットして、あみごとひたします。

4
みつの中からあみを容器のふちギリギリまで上げ、高速回転させて余分なみつを飛ばします。

5
乾燥させる機械の入り口に移します。

6
機械の中を約40分かけて移動しながら熱風で乾燥させます。

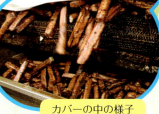
カバーの中の様子

7
機械の下を通りながら熱を冷まし、ベルトコンベアで運ばれてきたふ菓子を、検品しながら袋づめしていきます。

8
ふくろの口を機械で閉じ、製品のできあがりです。

ふ菓子のできあがり！

ここでは1日 **40,000** 本ものふ菓子を作ります！

広がる和菓子の世界

工芸菓子の魅力とスゴ技

和菓子の素材を用いて、自然の花や鳥や風物を、本物そっくりに作り、表現したものを工芸菓子といいます。はじまりは江戸時代にさかのぼります。使う材料はいろいろですがおもには、もち米や砂糖を使います。菓子作りの技のすごさはもちろん、工芸菓子には日本文化が表現されています。

朝顔

紅葉

華

左：黒松　右：懸崖黒松

進化する和菓子

日本の古くからの和菓子作りの伝統的な技を、きちんと引きつぎながら、進化していく和菓子があります。人をなごませ、おもてなしの心で素材や色やデザイン、季節感が、より自由に楽しく表現されている和菓子をみてみましょう。

わくわくする落雁

drawing（ドローイング）

落雁の一つ一つのピースを組み合わせて、自由に自分だけの絵を作って、楽しむことができます。

アートな練り切り

▲「はさみ菊」　▼玉華寂菓子　十六種盛

伝統的な練り切りの技が生かされています。

和菓子のクリスマス

聖夜　　　　　キャロル

きんとんのクリスマスツリー、星の寒天がのっています。

アートな栗和菓子

モンブラン朱雀
そうめん状に加工した栗あんを、セミフレッドと呼ばれるアイスの上にかけた季節の和菓子です。

日本各地の和菓子いろいろ

和菓子はそれぞれの地域の歴史や自然風土に影響を受けながら発展してきました。ここでは地域色豊かな和菓子の一部を紹介します。みなさんの近くにも特色ある和菓子があるか、探してみるのもいいですね。

岡山県 吉備だんご

もち米に砂糖、キビ、水あめを入れて作るやわらかめのだんごです。昔ばなしの「ももたろう」を思い出させます。

福井県 葛まんじゅう

「日本三大葛」の一つ、若狭の葛で作る夏の和菓子。冷たい井戸水で冷やし、つるんとしたのどごしを楽しみます。

京都府 八ッ橋

和楽器の琴の奏者、八橋検校（1614～1685年）にちなみ、琴の形をした焼き菓子（写真上）が作られました。上用粉(上新粉より細かい粉)の生地を蒸して焼いて作ります。焼かない「生八ッ橋」（写真下）もあります。

鹿児島県 かるかん

自然薯とかるかん粉（米の粉）を主材料に、空気をたっぷりふくませて蒸すため、ふんわりやわらかいのが特徴。もともとは四角い羊かんのような形だけでした。

沖縄県 カーサムーチー

沖縄で旧暦12月8日に無病息災を願い、作って食べます。月桃の葉（カーサ）にもち粉で作ったもち（ムーチー）を包んで蒸します。

香川県 和三盆糖の干菓子

香川と徳島は、昔から高級な砂糖・和三盆糖の産地でした。これをそのままの味で楽しめる干菓子は名物のひとつです。

愛知県 ういろう

もっちりとした歯ごたえのういろう。多くの地域で作られていますが、名古屋駅で売られるようになり、愛知土産として有名になりました。

秋田県 豆腐かすてら

豆腐に砂糖や卵、塩などを加え、型に入れて焼いた菓子。砂糖の効果により1週間ほど日持ちします。お茶うけや行事食として食べられます。

北海道 まりも羊かん

天然のまりもで有名な阿寒湖周辺で、まりもに見立てた羊かんが作られるようになりました。ようじをさすと、ゴムの皮がスルッとはがれます。

新潟県 笹だんご

あん入りのよもぎだんごを笹の葉で包み、イグサで結んだもの。笹の香りがだんごにうつり、独特の味わいが楽しめます。

岩手県 南部せんべい

もともとはそば粉が使われていましたが、いまは小麦粉で作ります。ゴマや落花生などを加えたもののほか、郷土料理「せんべい汁」に割り入れる具のない白せんべいもあります。

長野県 栗きんとん

栗の里として600年の歴史をもつ小布施には栗を使ったさまざまな菓子があります。栗あんに栗の実をまぜた栗きんとんは代表的。

山形県 からからせんべい

江戸時代から庄内地方に伝わる駄菓子。小麦粉の生地を焼いて三角に折った中には、和紙に包まれたおもちゃや工芸品が入っています。

福島県 粟まんじゅう

江戸時代に起こった災害にこまった柳津の人々が、「もう災害に"あわ"ないように」と願いをこめて寺に奉納したといわれています。粟のプチプチした食感が特徴です。

宮城県 ずんだもち

枝豆（ずんだ豆）をすりつぶした緑色のあんを、もちにからめて食べます。枝豆はつぶが残った状態で、食感もユニークです。

岐阜県 みだらしだんご

一般的なみたらしだんごはあまいしょうゆだれがかかっていますが、飛騨地域ではしょうゆのタレにつけて焼き、あまくないのが特徴です。

東京都 人形焼

七福神や浅草・雷門ちょうちんなどの焼き型で焼いた、日本橋人形町発祥の菓子。小豆あんが入っているものとないものがあります。

和菓子作りにチャレンジ！

和菓子作りはむずかしいものですが、家庭でできる「桜もち」の作り方を紹介します。実際に作ってみると、均一に作る技のむずかしさが実感できます。火を使うので、おとなの人といっしょに作りましょう。

材料（約10個分）

- 白玉粉…5グラム
- 水…85ミリリットル
- 砂糖…30グラム
- 薄力粉…65グラム
- 食紅…少々
- こしあん…250グラム
- 桜の葉の塩づけ…10枚
- サラダ油…少々

※桜の葉の塩づけは、製菓材料をあつかう店やインターネットの通信販売などで買うことができます。

桜もちを作ってみよう！

食紅を加えず、白い生地で作ってもよいでしょう。

桜もちの作り方

1

白玉粉と水をボウルに入れて、泡立て器でよくまぜます。

2

砂糖と薄力粉をふるいながら①に加えます。

3

全体が均一になめらかになるよう、泡立て器でまぜ合わせます。

4
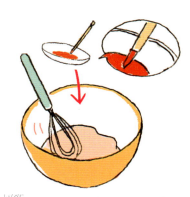
食紅をほんの少しずつ加えまぜ、③の生地をピンク色にします。濃い赤にならないよう、つまようじの先につけて加えるくらいがよいでしょう。

5 ④にラップをかけて冷蔵庫に入れ、20分ほど休ませます。

6 ⑤の間に、桜の葉の準備をします。表面を1枚ずつ流水で軽く洗い、水分をキッチンペーパーなどでふいてから重ね、かたくしぼったふきんにはさんでおきます。

7 こしあんをはかりで25グラムずつ量り、丸めて10個のあん玉を作ります。

8 ※ホットプレートで作ってもよいです。
フライパンを熱したら弱火にし、キッチンペーパーでうすくサラダ油を引きます。

9 ⑤の生地を1/10量（大さじ1くらい）⑧に流し、スプーンの裏で長丸の形に整えます。

10 表面が乾いてきたら、ひっくり返します。

11 裏面は数秒焼けば大丈夫です。

12 生地がくっつかないようにクッキングシートに並べます。上に重ねるときは間にクッキングシートをはさみます。

13 クッキングシートに1個ずつ生地をおき、上に⑦のあん玉をのせます。

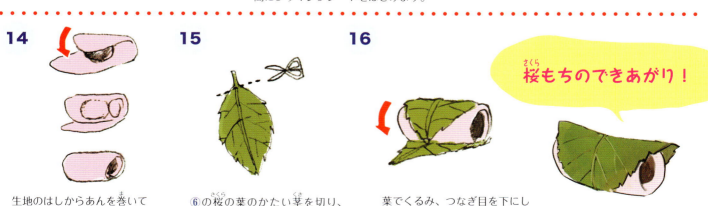

14 生地のはしからあんを巻いていきます。

15 ⑥の桜の葉のかたい茎を切り、⑭をのせます。

16 葉でくるみ、つなぎ目を下にします。

桜もちのできあがり！

もっと和菓子を知ろう

和菓子の歴史

まんじゅう、羊かん、最中など、ふだんわたしたちがおいしく食べている和菓子。昔はどのような食べ物だったのでしょうか。また、和菓子はわたしたちのくらしの中で、どう育まれてきたのでしょうか。和菓子の歴史をいっしょにたずねてみましょう。

和菓子ができる前

紀元前の縄文時代の人びとの食べ物は、鳥やけもの、魚介類などが中心でした。また、ほかの食料として野生の果物や、クルミ、クリ、トチなどの木の実を食料としていたことも知られています。あまい物が少ない時代、果物や木の実などは貴重な甘味でした。これが菓子のはじまりでしょうか。

遣唐使が伝えた

飛鳥時代から平安時代（6世紀末〜12世紀）ごろは菓子といえば、木の実（クルミ、カヤ、シイ、クリ）や果物（ウメ、カキ、モモ、タチバナ）のことでした。ところが7〜9世紀に遣唐使（唐の国への使者）によって「唐菓子」が伝えられました。唐菓子とは、米やムギの粉を水で練っていろいろな形を作り油で揚げたものです。これらは、それまで菓子と呼ばれていた食べ物と同じようにあつかわれ、唐菓子はおもに宮中のお祭りや行事などに使われました。

当時の漢和辞典の『倭名類聚抄』に八種の唐菓子として「ばいし、とうし、かっこ、けいしん、てんせい、ついし、ひちら、だんき」などの名前が残っています。

和菓子のルーツは

縄文時代の中期の人びとは木の実をどのように食べていたのでしょうか。そのまま食べたり、ナラやカシワの実のように水につけ渋みやえぐみをぬき、おかゆ状にしたりして食べていたようです。また、粉にして丸め、熱した石の上や灰の中で焼いたりして食べていたこともわかっています。これらは「縄文クッキー」と呼ばれ、各地の遺跡から発見されています。

縄文時代後期から弥生時代になると、稲作のほか、ムギ、豆類、ウリなどの作物の栽培もはじまり、古墳時代になると米を加工した、現在のだんごやもちに近いものも作られるようになってきたようです。

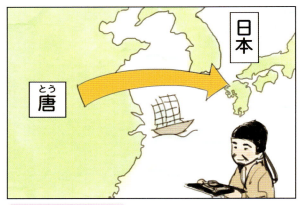

八種の唐菓子

ばいし　とうし　かっこ　けいしん
てんせい　ついし　ひちら　だんき

砂糖入り菓子の登場

奈良時代になると、中国から砂糖が伝わりました。それまでは、甘味料は甘葛という蔦を原材料にした植物の樹液を煮つめて作ったもので、手間がかかりわずかの量しかできないので、貴族など一部の人のものでした。しかし室町時代には砂糖の輸入量が増え、甘葛は使われなくなり、砂糖が菓子などにも利用されるようになりました。

鎌倉時代から室町時代（12世紀末～16世紀後半）には、禅宗の僧侶たちが中国から思想、文化、技術などを日本にもたらしました。点心という、食事と食事の間に食べる習慣も伝わり、その中に、現在の羊かんやまんじゅうのもとになる、料理などがありました。中国の茶を作る技術や飲み方の作法も伝わり、その後日本での「茶の湯」にもつながりました。

羊かんとまんじゅうの伝来

あまい和菓子の羊かんに、なぜ「羊（ヒツジ）」という字がつくのでしょうか。羊かんは、点心の一つとして、日本に伝わりました。羊かんの「かん」は「あつもの」というとろみのある汁物で、もともとは羊の肉が入っていたのです。日本に伝わり、肉食を禁じられていた僧侶たちは、小豆や小麦粉、葛などを使い羊の肉に見立てた料理などを食べていました。やがて、あまみのある蒸し羊かんになったのです。

まんじゅうには二つの伝来説があります。一つは1241（仁治2）年、中国の南宋より帰国した聖一国師が、博多に滞在したとき、茶店の主人の栗波吉右衛門に製法を教えた説です。もう一つは1349（正平4）年ごろに日本にきた中国人の林浄因が、奈良で小豆あん入りのまんじゅうを作ったという説です。浄因の子孫が塩瀬の名字を用いたところから、塩瀬まんじゅうの名が続いています。

羊かん

まんじゅう

南蛮菓子の到来

1543（天文12）年の鉄砲伝来をきっかけに西洋文化が伝わり、安土桃山時代はその影響を多く受けました。キリスト教の布教や貿易のためにポルトガルやスペインの人たちが日本を訪れ、持ちこんだ食べ物の一つとして、「南蛮菓子」があります。これらは、後の日本の菓子に大きな影響をあたえます。当時は異国のめずらしい菓子としてたいへん貴重で、キリスト教の布教や貿易の許可をもらうために利用されたりもしました。

南蛮菓子には、それまでの日本の菓子と大きく異なる二つの特色があります。一つは砂糖を大量に使うことで、もう一つは、この時代の日本では食べなかった卵が使われていたことです。卵は江戸時代になると菓子だけでなく広く料理に使われるようになります。また南蛮菓子の中でも、その後独自のくふうが重ねられカステラ、金平糖、有平糖、ぼうろ、鶏卵素麺などのように日本に定着していくものもありました。

江戸時代と和菓子

和菓子が発展した理由の一つに、「茶の湯」、「茶道」の広がりがあります。古くは唐（中国）から、僧侶を中心に伝わり、室町時代に茶の湯として公家や武家に親しまれ、この茶会で食べる菓子として発展しました。京都で生まれた白砂糖を使った高級な菓子は、上等な菓子、献上菓子に由来して上菓子と呼ばれ、公家や武家などの限られた人びとのために使われました。江戸（東京）では京都や大坂などから来た商品を「下りもの」として喜ばれ、菓子も同様でした。さらには江戸と全国の地方との間で行われた参勤交代という大名の定期的な移動により、交通が整えられ、宿場町がさかえます。こうした背景も菓子が地方へさらに広がった理由の一つです。

和菓子の発展

　1603（慶長8）年にはじまる江戸時代は、比較的安定した時代が続きました。元禄（1688〜1704年）以降は砂糖の流通量がのびて、いろいろな種類の菓子が登場します。また、この時代には寒天の製法も発見され、練り羊かんなども生まれました。こうして和菓子は公家や武家から、やがて裕福な町人にも広まりました。それは儀礼や行事などに使われる贈答が重要な意味をもっていたことも原因でした。上菓子は「意匠」（色や模様、デザイン）もくふうされ、俳句や短歌、季節の風物、名所や歴史などに由来して「菓銘」をつけられたりしました。和菓子の文化はこうして江戸時代に成熟したといえましょう。

〈御菓子之畫圖〉江戸時代1695（元禄8）年の菓子見本帳。当時の和菓子のデザインがわかります。（虎屋文庫蔵）

町人に親しまれるように

　町人文化の花開いた江戸では、わたしたちもよく知っている和菓子が登場します。桜もち、大福、葛もち、金つば、どら焼きなど、今も親しまれる和菓子の多くは江戸時代に生まれ、人びとへと広がっていきました。

　たとえば桜もちは、桜の花見客でにぎわう、隅田川沿いにある長命寺の門前で売り出されました。葛もちは、亀戸天神の名物として生まれました。このように神社や寺などの門前、行楽地など人の集まるところで、名物の菓子が生まれたのです。また、国内で砂糖の生産がはじまり、江戸時代の後期には、ほぼ今のものに近い和菓子が作られました。約260年にわたり社会が安定していた江戸時代、身分に関係なく多くの人びとが「寺社参り」などの旅に出て、整備された街道の宿場などで、その土地の名物を食べたようです。江戸時代の人びとは気軽に和菓子を楽しめるようになりました。

大福　金つば　花見だんご　桜もち

駄菓子とは

　駄菓子のはじまりは江戸時代です。雑穀や水あめなどを材料にして作られている、大衆的な菓子です。駄菓子というと、現在では子ども向けの菓子と思われますが、当時の本を見ると、子どもだけではなくおとなも楽しんでいたことがわかります。駄菓子という名は高級な上菓子と区別するための呼び名です。

　地方の藩では、常備食として蓄えていた雑穀などを材料として、駄菓子を作り、定着したところもあります。仙台駄菓子、会津駄菓子、鶴岡駄菓子、南部駄菓子などがその代表的な例です。このように駄菓子には、江戸時代から伝統的に作られている、地方文化を支える郷土菓子とも呼べるものもあります。

板塩釜

きな粉ねじり

うさぎ玉

ごぼうきり

はっか

みそパン

太白あめ

豆糖

たいせつな日の和菓子

和菓子はおやつとして食べるだけではなく、人生の節目や儀式など行事になくてはならないものです。一生を通して節目のたいせつな日を祝う気持ちや、無病息災の願いをこめて、和菓子を食べたり贈ったりします。

誕生から七五三

鶴の子もち
子どもの誕生を祝う、紅白おそろいでおめでたい鶴の卵の形をしている素甘などのもちです。

一升もち
1歳の誕生日を祝う一升(約2キロ)の丸もちです。子どもに背負わせて歩かせ元気な成長を願います。

千歳あめ
3歳、5歳、7歳の子どもの成長を祝う「七五三」行事の縁起あめです。棒状のあめのようにまっすぐと、すくすく成長することを祈ります。

入学祝い・結婚式・歳祝い

紅白まんじゅう
入学祝いなど、祝いごと全般によく使われます。薯蕷まんじゅうや酒まんじゅうの紅白一対のまんじゅうです。

式菓子
結婚式や会社創業などの祝い事に用いられ、おもに松竹梅や鶴亀などの羊かんや練り切りを使います。

歳祝い
長寿を祝う60歳の還暦や70歳の古希、77歳の喜寿、88歳の米寿などは、赤飯や鶴の子もちなどで祝います。

法要

祖先の冥福や供養を祈る仏事などに使われるまんじゅうです。

法要まんじゅう

郷土菓子のこと

郷土菓子は、その土地の歴史や風俗、特産物から生まれた菓子といわれています。今ではどこでも食べることができたり、郷土色がうすれたりしているものもあります。ここでは、菓子の成り立ちもさまざまですが、各地で今も作られ、土地の人々に「やはりこの菓子は、ここが一番」と愛されているものを、ごく一部になりますが紹介します。

鬼まんじゅう
小麦粉の生地に、角切りのサツマイモを加えて蒸した菓子。おもに愛知県などの東海地方で作られます。表面のイモの角がごつごつとしていて鬼や金棒を連想させるのでこの名前がつきました。

いきなりだんご
サツマイモと小豆あんを、もちや小麦粉のうすい生地で包み、蒸した菓子。熊本県の郷土菓子で家庭でもよく作ります。短時間で作れ、来客にもいきなり出せるということや、生のイモを使う「生き成り」からついた名前です。

べこもち
北海道から東北の一部で、5月の端午の節句に食べます。上新粉と片栗粉、砂糖、黒砂糖、水が材料で、できあがりが白黒まだらの牛(べこ)のように見えることからついた名前です。

灰汁巻き
鹿児島県、宮崎県など、おもに端午の節句用に作ります。一晩ほど灰汁(木灰を水に入れて作る液)につけたもち米を、同じく灰汁につけた孟宗竹の皮で包み縛り、灰汁で3時間ほど煮て作ります。わらびもちや葛もちのねばりを強めた感じです。きな粉や砂糖、黒みつなどをかけて食べます。

和菓子と祭り・行事

古来より和菓子は、神事や仏事などを通し、わたしたちのくらしと深く結びついていました。今でも歴史やその土地の風土に伝わる祭りや神事があります。

和菓子の日・山王嘉祥祭

6月16日は「和菓子の日」です。平安時代の陰暦のこの日に行われた、もちや菓子を食べて厄ばらいをした「嘉祥の儀」と呼ばれる儀式に由来します。神事では菓子作りや、嘉祥菓子が奉納されます。和菓子の日は全国和菓子協会が1979(昭和54)年に制定したもので、和菓子の文化や技を未来に伝えていこうという思いがこめられています。

神前での菓子作り

山王日枝神社(東京都千代田区)

神事で作られた和菓子

奉納された嘉祥菓子

水無月と夏越大祓

「夏越大祓」は6月30日に、一年の半分を過ぎたこの日、半年間の厄や災いをはらい、残る半年間の無事安全を祈る神事です。宮中や神社で行われます。笹で編んだ「茅の輪」をくぐり、京都では「水無月」と呼ばれる、白のういろうにみつにつけた小豆をのせ蒸した和菓子を食べます。小豆は厄よけの意味、ういろうの三角の形はその昔貴重だった氷を表しています。

水無月(和菓子)

上 上賀茂神社(京都府・桜門)
下 茅の輪くぐりの神事

菓子の神様・中嶋神社

兵庫県豊岡市にある中嶋神社には「菓子の神様」がまつられています。その昔、食べると年をとらず長生きできるといわれた「非時香菓」(ミカンの原種)を、異国から持ち帰った田道間守命のいわれに由来しています。持ち帰った実は、菓子のはじまりとされ毎年4月の第3日曜日は、たくさん菓子が奉納され、多くの人が集まる「菓子祭」が開催されます。

鳥居の横に「菓祖 中嶋神社」の社名標が建つ

上 奉納神事
下 神社拝殿

和菓子職人になるには

和菓子は世界に誇れる日本の文化です。これら和菓子作りの技術を学ぶにはどんな方法があるのでしょうか。

●日本の文化をつぐ心

和菓子作りの職人になるには、大きく分けると二つの流れがあります。一つは和菓子店に入り弟子になる方法です。もう一つは製菓専門学校で学んで和菓子店に就職する方法です。

弟子になると、最初は工房のそうじや洗いもの、使う材料の下処理（小豆を洗うなど）からはじめ、数か月から数年間を経て和菓子の主材料のあん作りなどの下準備へと進みます。こうした仕事をしながら、先ぱいたちの仕事を見ていろいろなことを学ぶのです。製菓学校では知識や技術を基礎から学ぶことができます。いろいろな食材の知識、製法などを学びます。あんだけでも数十種類もあるほど奥深い和菓子の世界は、覚えることが多いのです。さらにこれらに加え「蒸す」、「焼く」、「練る」などの技術を身につけていくわけです。

和菓子作りにたいせつな季節感や表現力をみがくための、さまざまな勉強も必要です。茶道や華道、歌舞伎、俳句や短歌のことなど、幅広く日本の伝統文化を学ばなければなりません。季節の変化を和菓子という小さな世界で表し、おいしさでみんなを笑顔にする和菓子職人。日本の文化を、未来に向けて作り出す仕事といえるでしょう。

井上 豪 さん（4代目）

一級和菓子 製造技能士
選・和菓子職 優秀和菓子職

東京都新宿区
神楽坂 梅花亭

子どものころから物作りが好きで、父や祖父の和菓子作りの仕事を身近に見て育ち、将来は物作りの職人になりたいと思っていました。はじめは配達の手伝い、中学・高校生のときに和菓子作りを手伝い、夜間の製菓学校に通いながら現場の仕事もしていました。その中で製菓学校で学んだ基本を、現場に生かしてきました。

職人は規格どおり同じ物を作ることも要求されます。和菓子作りの技術は、機械ではなく人間が人間に伝えていくむずかしさです。あんは100人いれば100人の味があるといわれます。わたしの店では、食べたときの味わい、皮と中のあんとのバランスを考えて、現在23種類のあんを使います。これは先代から伝えられた技をわたしなりにくふうしています。また、季節感をだいじにし、自然を自分の頭の中で解釈します。わたしは和菓子の下絵をかくとき、大学で絵を学んだことが役立っています。和菓子作りのおもしろさは、アイデアを練りそれができる楽しさです。同時に食べ物ですから、安心、安全、見て楽しく、食べておいしいことを心がけています。

上生菓子の下絵：井上さん　作

●和菓子と日本●

和菓子は、はるか昔の日本で人びとのくらしの知恵によって作られたものです。それらが外国からもたらされた唐菓子や南蛮菓子の製法や味などを吸収し、独自に育んで作りあげてきたものです。このことはわたしたちがくらす日本の風土に大きく関わりがあります。四季が分かれていること、米や麦など収穫される農作物の種類の豊富さなど、和菓子が発展する環境が備わっていたのです。

食べる物なのに、和菓子は四季おりおりの季節感を表現して作られたりします。また、その土地の素材で作る郷土菓子と呼ばれるいろいろな和菓子もあります。くらしの習わしや祭りや年中行事などの儀式との結びつきも深くあります。誕生、七五三、入学、卒業、結婚など、人の一生の節目節目に作られ、食べられるなど、本当にわたしたちのくらしに深く結びついて、多くの機会になくてはならないものです。現在でも、和菓子はわたしたちの身近にあり、おやつやデザートとして楽しまれています。和菓子は、文化として受けつぎ伝えられ、時代に合わせて進化しながら続いていくことでしょう。

世界的に関心の高い「和食」と同じように、和菓子も世界に誇れる日本の文化です。

著者…和の技術を知る会
撮影…イシワタフミアキ
装丁・デザイン…DOMDOM
イラスト…坂本真美（DOMDOM）
編集協力…山本富洋、山田 桂

■写真・撮影・取材・資料協力
全国和菓子協会
東京都渋谷区代々木3-24-3
新宿スリーケービル8階
(http://www.wagashi.or.jp/)

■撮影・取材協力
東京製菓学校、小布施堂、(有)鍵屋製菓、神楽坂 梅花亭

■参考資料
『DVD版 和菓子つくり方専科』（全3巻）全国和菓子協会・東京和菓子協会制作 1999
『DVD版 餡つくり方専科』（全3巻）全国和菓子協会・東京和菓子協会制作 1999
『和菓子教本』日本菓子教育センター編、全国和菓子協会監修／誠文堂新光社 2012
『和菓子の辞典』奥山益朗編／東京堂出版 1989
『和菓子噺』藪 光生著／キクロス出版 2006
『和菓子 WAGASHI』藪 光生著／角川ソフィア文庫（ジャパノロジーコレクション）2015
『和菓子夢のかたち』中山圭子文、阿部真由美絵／東京書籍 1997
『「和菓子の歴史」展』株式会社虎屋・虎屋文庫 2010
『和菓子おもしろ百珍』中山圭子著／淡交社 2001
『虎屋和菓子と歩んだ五百年』黒川光博著／新潮社（新潮選書）2005

■写真・図版提供・協力
P2〜3 <はじめに／もくじ>
花見だんご・水羊かん・朝顔：全国和菓子協会、びわ：全国和菓子協会／東京製菓学校、聖夜：京菓子司 末富、和菓子の日・山王嘉祥祭：©山王日枝神社

P4〜11 <和菓子の世界へようこそ>
花見だんご・桜もち・柏もち／ちまき・草もち・紅梅・菜の花・八重桜・葛まんじゅう・水無月・鮎・水羊かん・藤・朝顔・びわ・栗鹿の子・おはぎ・柿・栗・菊華・紅葉・うぐいすもち・椿もち・花びらもち・六方焼・小麦まんじゅう・薯蕷まんじゅう・栗蒸し羊かん・ちまき・黄身しぐれ・どら焼き・金つば・桃山・桜もち・栗まんじゅう・練り羊かん・錦玉かん・水羊かん・最中・州浜・落雁・豆大福・道明寺桜もち・素甘・柏もち：全国和菓子協会、紫陽花・打ち物の木型：小布施堂、月見だんご・いもまんじゅう・おはぎ・寒牡丹・万両・寒椿・香梅・水仙・花いかだ・朝顔・早栗・わらびもち：御菓子所花ごろも、塩釜：(有)梅花堂

P12〜19 <和菓子作りの技を見てみよう>
「練り切り作りのスゴ技」「まんじゅう作りのスゴ技」「和菓子の基本！手間をおしまないこしあん作り」「焼き菓子『鮎』作りのスゴ技」：全国和菓子協会／東京製菓学校、「ふ菓子作りの工場見学」：(有)鍵屋製菓

P20〜21 <広がる和菓子の世界>
朝顔・紅葉：全国和菓子協会　華・黒松・懸崖黒松：(株)彩雲堂、drawing：(株)UCHU、はさみ菊・玉華寂菓子・十六種盛：三堀純一、聖夜・キャロル：京菓子司 末富、モンブラン朱雀：小布施堂

P22〜23 <日本各地の和菓子いろいろ>
カーサムーチー：沖縄県流通・加工推進課、かるかん：鹿児島市、吉備だんご：岡山県観光連盟、和三盆糖の干菓子：香川県観光協会、八ッ橋：(株)聖護院八ッ橋総本店、葛まんじゅう：(公社)福井県観光連盟、ういろう：(公財)名古屋観光コンベンションビューロー、栗きんとん：小布施堂、人形焼：(公財)東京観光財団、粟まんじゅう：柳津町商工会、笹だんご：(公財)新潟観光コンベンション協会、ずんだもち：宮城県観光課、からからせんべい：(公社)山形県観光物産、南部せんべい：(公社)岩手県観光協会、豆腐かすてら：(一社)秋田県観光連盟、まりも羊かん：(CC) Dddeco

P26〜31 <もっと和菓子を知ろう>
羊かん・まんじゅう・大福・金つば・花見だんご・桜もち・鶴の子もち・紅白まんじゅう・式菓子・千歳あめ・法要まんじゅう：全国和菓子協会、御菓子之畫圖：(株)虎屋／虎屋文庫藏、「駄菓子とは」：(有)元祖仙台駄菓子本舗熊谷屋、一升もち：御菓子所花ごろも、べこもち：小樽新倉屋、鬼まんじゅう：(株)浪越軒、いきなりだんご：熊本市観光文化局、灰汁巻き：(公社)鹿児島県特産品協会／(有)梅木商店、「和菓子の日・山王嘉祥祭」：©山王日枝神社、上賀茂神社・茅の輪くぐりの神事：上賀茂神社©Kamigamo－shrine All rights Reserved、水無月：(株)たねや、「菓子の神様・中嶋神社」：豊岡市役所、「日本の文化をつぐ心」：神楽坂 梅花亭・井上豪

(敬称略)

子どもに伝えたい和の技術4　和菓子

2015年11月　初版第1刷発行　　2024年4月　第6刷発行

著 …………… 和の技術を知る会
発行者 …………… 水谷泰三
発行所 …………… 株式会社文溪堂　〒112-8635　東京都文京区大塚3-16-12
TEL：編集 03-5976-1511
営業 03-5976-1515
ホームページ：https://www.bunkei.co.jp
印刷・製本 ……… 図書印刷株式会社
ISBN978-4-7999-0146-5/NDC508/32P/294mm×215mm

©2015 Production committee "Technique of JAPAN" and BUNKEIDO Co., Ltd.
Tokyo, JAPAN. Printed in JAPAN
落丁本・乱丁本は送料小社負担でおとりかえいたします。定価はカバーに表示してあります。